Francinet dos Santos Bacelar

Wiederverwendung fester organischer Abfälle

AF144343

Francinet dos Santos Bacelar

Wiederverwendung fester organischer Abfälle

In einer abgelegenen Gemeinde in Amazonas

ScienciaScripts

Imprint

Any brand names and product names mentioned in this book are subject to trademark, brand or patent protection and are trademarks or registered trademarks of their respective holders. The use of brand names, product names, common names, trade names, product descriptions etc. even without a particular marking in this work is in no way to be construed to mean that such names may be regarded as unrestricted in respect of trademark and brand protection legislation and could thus be used by anyone.

Cover image: www.ingimage.com

This book is a translation from the original published under ISBN 978-620-2-19314-6.

Publisher:
Sciencia Scripts
is a trademark of
Dodo Books Indian Ocean Ltd. and OmniScriptum S.R.L publishing group

120 High Road, East Finchley, London, N2 9ED, United Kingdom
Str. Armeneasca 28/1, office 1, Chisinau MD-2012, Republic of Moldova, Europe
Printed at: see last page
ISBN: 978-620-7-26989-1

ZUSAMMENFASSUNG

1

ZUSAMMENFASSUNG

Bei diesem Projekt handelt es sich um eine Fallstudie in dem Dorf Paricatuba, das in der Nähe der Stadt Manaus im Bundesstaat Amazonas liegt. Sein allgemeines Ziel ist die Anwendung eines Biokomposters als Alternative für die Wiederverwendung organischer Haushaltsabfälle in einer abgelegenen Gemeinde mit folgenden spezifischen Zielen: Definition der Gemeinde und der Anzahl der Familien, die von dem Projekt betroffen sind; Diagnose der sozioökonomischen Situation der am Projekt beteiligten Familien; Entwicklung eines für die Region geeigneten Biokomposters; Analyse der Ergebnisse in der Gemeinde nach der Einführung des Biokomposters. Die theoretische Grundlage basiert auf der Dialektik und ist in drei Teile gegliedert. Der erste Teil befasst sich mit der Kompostierung, der zweite mit der Bewirtschaftung fester Abfälle und der dritte mit der Umwelterziehung, wobei drei Dimensionen bei der Analyse, Entwicklung oder Veränderung der Abfallbewirtschaftung anerkannt werden: a) die interessierten Parteien; b) die Elemente oder Phasen der Bewegung oder des Flusses von Materialien; c) die endgültige Entsorgung. Die Untersuchung ist analytisch-theoretisch und qualitativ-dokumentarisch angelegt. Im Ergebnis kam es zu einer Verringerung der in die Umwelt entsorgten organischen Abfälle sowie zu einer Änderung der Gewohnheiten und des Verhaltens der am Projekt Beteiligten. Darüber hinaus könnte die Verwendung des vom Biokompostierer erzeugten organischen Düngers und Biodüngers in Zukunft eine alternative Einkommensquelle für die Gemeinde darstellen.

Schlüsselwörter: *Umwelterziehung. Biokomposter. Wiederverwendung.*

1 EINFÜHRUNG

Nach (LUSHI, 2016) steht das Aufkommen fester Siedlungsabfälle in direktem Zusammenhang mit der Bevölkerung, ihrem Lebensstandard und ihren Konsumgewohnheiten. Der Dreiklang: Sammlung, Behandlung und angemessene Endlagerung dieser Abfälle offenbart die Gewohnheiten und die Lebensqualität der Bevölkerung. Von den verschiedenen bekannten Alternativen wie Verbrennung, Kompostierung und Recycling ist die Nutzung von Flächen zur Deponierung von Abfällen immer noch am weitesten verbreitet.

Obwohl die Masse der festen Siedlungsabfälle einen hohen Prozentsatz an organischen Stoffen enthält, sind die Kompostierungsversuche in Brasilien noch nicht weit gediehen (TORRES, 2015). Da organische Abfälle nicht getrennt gesammelt werden, werden sie schließlich zusammen mit dem Hausmüll entsorgt.

Dieser Abfall kann verschiedene Auswirkungen auf die Umwelt haben, wie die Verschmutzung von Luft, Boden, Oberflächen- und Grundwasser (DE OLIVEIRA *et al.*, 2016). Darüber hinaus heißt es (HERVA; NETO; ROCA, 2014), dass Deponien wertvollen Platz beanspruchen und eine schlechte Abfallbewirtschaftung die öffentliche Gesundheit schädigen kann. Trotz der im Masterplan für feste Abfälle von Manaus (PDRSEM) angeführten Argumente hängt die Art der Endbestimmung und die Art und Weise, wie feste Abfälle behandelt werden können, von einer Reihe von Faktoren ab. Einige dieser Faktoren sind: der verfügbare Platz für die Deponie (VINDOURA-GOMES; CÂMARA; SOUZA, 2015), die verfügbaren Technologien zur Verwertung (THODE FILHO *et al.*, 2015), universelles Sammelsystem (UYARRA; GEE, 2013), aktives selektives Sammelsystem (GALLARDO *et al.*, 2015), Wertsteigerung des Abfalls (ZHANG; SUN, 2016), Organisationskultur der beteiligten Gemeinschaft (ASIF *et al.*, 2013) und andere.

Nach Berücksichtigung all dieser Parameter kann dann das beste Endlagersystem für den festen Abfall definiert werden (SOOBHANY; MOHEE; GARG, 2015). In Italien zum Beispiel werden aufgrund des Mangels an Deponien Verbrennungsanlagen als Endlager genutzt (KELESSIDIS; STASINAKIS, 2012). Andere Praktiken wie die getrennte Sammlung und das Recycling fester Abfälle, die von einem gewissen Maß an Umwelterziehung abhängen, werden in den wichtigsten Städten der am weitesten entwickelten Zentren wie Sao Paulo (SIQUEIRA; ASSAD, 2015), New York (GIUDICIANNI *et al.*, 2015), Tokio (FUJII *et al.*, 2014) usw. angewendet. Diese Praktiken dienen nicht nur dazu, dem Abfall einen Mehrwert zu verleihen, sondern auch dazu, die Menge des Materials, das an den endgültigen Bestimmungsort gelangt, zu minimieren, unabhängig vom gewählten Verfahren.

Was das universelle Sammelsystem anbelangt, so werden nicht alle Regionen innerhalb der Städte von diesem System erreicht, insbesondere in den ländlichen Gebieten der Innenstädte. In diesen Situationen muss nach Alternativen gesucht werden, um das Problem der festen Abfälle zu minimieren. In diesen Gemeinden fallen in der Regel die größten Mengen an organischen Abfällen an, die aufgrund der möglichen Verbreitung von Krankheiten und der charakteristischen Gerüche vielleicht die größten Unannehmlichkeiten verursachen.

1.1 ZIELE

1.1.1 Allgemeine Zielsetzung

Das allgemeine Ziel dieses Projekts ist die Entwicklung und Nutzung eines Biokomposters als Alternative für die Wiederverwendung von organischen Haushaltsabfällen in einer isolierten Gemeinde.

1.1.2 Spezifische Zielsetzungen

Definieren Sie die Gemeinde und die Anzahl der Familien, die von dem Projekt betroffen sein werden;

Diagnose der sozioökonomischen Situation der an dem Projekt beteiligten Familien;

Entwicklung eines für den Standort geeigneten Biokomposters;

Analyse der Ergebnisse in der Gemeinschaft nach der Einführung des Biokomposters.

Ziel dieser Forschungsarbeit ist die Entwicklung eines Managementsystems für die Wiederverwendung von organischen Haushaltsabfällen in abgelegenen Gemeinden. Die Ergebnisse werden in Form eines Artikels vorgestellt. Der Artikel ist wie folgt gegliedert: In Abschnitt 1 wird die Motivation für die Studie begründet und dargestellt. Abschnitt 2 gibt einen Überblick über die Konzepte zu diesem Thema. In Abschnitt 3 wird die in der Untersuchung verwendete Methodik vorgestellt. In Abschnitt 4 werden die erzielten Ergebnisse analysiert und in Abschnitt 5 werden abschließende Überlegungen angestellt.

2 THEORETISCHE GRUNDLAGE

Dieser Punkt ist in drei Teile gegliedert. Im ersten Teil geht es um die Kompostierung, im zweiten um die Bewirtschaftung fester Abfälle und im dritten um die Umwelterziehung.

2.1 Kompostierung

Die Kompostierung ist eines der bekanntesten Verfahren zur Stabilisierung fester organischer Abfälle und verwandelt diese in ein sichereres und stabileres Material (Kompost), das als Nährstoffquelle und Bodenverbesserer in der Landwirtschaft verwendet werden kann (GABHANE *et al.*, 2012). Im Vergleich zu anderen bekannten Methoden wie Verbrennung, Deponierung und anaerober Vergärung (AWASTHI *et al.*, 2014) und anaerobem Verfahren (CESARO; BELGIORNO, 2014) ist es auch die umweltfreundlichste Methode der Abfallbehandlung. Außerdem können gleichzeitig verschiedene Substrate mit komplementären Merkmalen in Bezug auf den Gesamtnährstoffgehalt und den Gehalt an flüchtigen Feststoffen verbessert werden, wobei das Gleichgewicht der Mischparameter gefördert wird, was verschiedene Vorteile für die ordnungsgemäße Entwicklung des Prozesses selbst mit sich bringt.

Nach BENLBOUKHT *et al.* (2016) ist Kompostierung ein Prozess, bei dem Mikroorganismen organische Abfälle abbauen. Nach BAZRAFSHAN *et al.* (2016) wird er als mikrobieller Prozess von allen Faktoren beeinflusst, die das mikrobielle Leben beeinflussen: Temperatur, pH-Wert, Feuchtigkeit, Luft (Sauerstoff) und Nährstoffe.

Die Kompostierung kann als komplexer aerober Bioprozess definiert werden, der durch mikrobiologisches Wachstum und Aktivität gefördert wird und zur Zersetzung und Stabilisierung organischer Stoffe führt (WANG *et* al., 2014). Nach BIALOBRZEWSKI *et al.* (2015) besteht er aus drei Phasen: mesophil, thermophil und Reifung, die durch unterschiedliche Biodiversität und mikrobielle Dynamik gekennzeichnet sind.

Derzeit wird laut DADHICH et al. (2012) die aerobe Kompostierung nicht in Verbindung mit einem anaeroben Verfahren eingesetzt. (2014) sind die Gründe dafür der große Flächenbedarf, die Treibhausgasemissionen, das Sickerwasser, Geruchsprobleme und Insekten. Nach Kashmanian *et al.* (2000) ist der Kompostierungsprozess in der Lage, instabile organische Abfälle (wie Klärschlamm, feste Siedlungsabfälle, Gerbereiabfälle, Tiermist, Hühnermist usw.) in stabile Abfälle umzuwandeln und sie in eine Struktur namens Humus als Dünger umzuwandeln, was zu einem wertvollen Nebenprodukt führt.

Huminstoffe bestehen hauptsächlich aus Huminsäuren (HA) und Folsäure (FA) (CATROUILLET *et al.*, 2014) und sind heterogene Komplexe, die aus großen Makromolekülen mit funktionellen Gruppen bestehen, die durch chemische und biochemische Reaktionen gebildet werden. Jindo *et al.*

5

(2016) stellen fest, dass sie eine wichtige Rolle bei der Steigerung der Bodenfruchtbarkeit spielen, indem sie die Aufnahme von Mikronährstoffen verbessern.

Nach Burnett, Mattson und Williams (2016) ist die Verwendung organischer Abfallprodukte als Nährstoffquelle vorteilhaft, da sie eine Methode zur Entwicklung von Produkten unter Verwendung von Abfällen auf nährstoffsparende Weise darstellt. Darüber hinaus können Abfälle aus anaeroben Prozessen als Düngemittel im Boden verwendet werden. Daher müssen die Art des Bodens und die potenziellen gasförmigen Emissionen, wie N_2O, berücksichtigt werden (ARIUNBAATAR *et al.*, 2014).

Die Verwendung dieses Komposts kann die Bodenqualität verbessern (SAER *et al.*, 2013), u. a. durch: 1) Aufnahme von organischen Stoffen, Nährstoffen und Elektrolyten in den Boden; 2) Verringerung des Einsatzes von Düngemitteln und Pestiziden; 3) Verbesserung der Bodenstruktur, -dichte und -porosität, wodurch der Wasserrückhalt erhöht und Erosion und Nährstoffauswaschung verringert werden; 4) Erhöhung der Kohlenstoffspeicherkapazität im Boden, wodurch die globale Erwärmung verringert wird.

Es gibt viele moderne Befürworter der Schnellkompostierung, die versuchen, einige der wahrgenommenen Probleme im Zusammenhang mit der traditionellen Kompostierung zu korrigieren. Viele argumentieren, dass die Kompostierung in 2 bis 3 Wochen durchgeführt werden kann. Viele dieser kurzen Verfahren beinhalten einige Änderungen gegenüber den traditionellen Methoden, einschließlich kleinerer, homogenerer Teile im Kompost, die das Kohlenstoff-Stickstoff-Verhältnis (C/N) kontrollieren. (BONANOMI *et al.*, 2014)

Nach BAZRAFSHAN *et al.* (2016) basieren einige Reifeparameter auf verschiedenen Eigenschaften: physikalische, chemische und biologische, mikrobielle Aktivität, C/N-Verhältnis, Veränderungen bei stickstoffhaltigen Verbindungen, pH-Wert, elektrische Leitfähigkeit, Kationenaustauschkapazität, organisch-chemische Bestandteile, reaktiver Kohlenstoff, Humifizierung, optische Dichte, Temperatur, Farbe, Geruch, Struktur und spezifisches Gewicht.

Nach FAVERIAL; SIERRA, (2014) zersetzen sich organische Abfälle schnell, und dieser Abbau kann bei der Hauskompostierung verstärkt werden, wenn der Anteil dieser Abfälle größer ist als der von weniger abbaubaren Materialien wie getrockneten Baumblättern oder Holzspänen.

2.2 Faktoren, die den Kompostierungsprozess beeinflussen

Bei der Kompostierung wirken Mikroorganismen auf das organische Material ein, und die Faktoren, die diesen Prozess beeinflussen, sind solche, die direkt oder indirekt wirken.

Die Faktoren, die mit der mikrobiologischen Aktivität des Prozesses verbunden sind, sind:

- Luftfeuchtigkeit;

- Belüftung;

- Temperatur;

- Nährstoffkonzentration;

- Partikelgröße;

- pH-Wert;

Nach BUSTAMANTE et al. (2013) ist die **Temperatur** einer der wichtigsten Parameter zur Bewertung des Kompostierungsprozesses, da sie dessen Geschwindigkeit bestimmt. Zu Beginn des Materialabbauprozesses, der auch als mesophile Phase bezeichnet wird, sind die Temperaturen moderat (T< 35°C). Die aktive Abbauphase, die auch die längste Phase ist, wird als thermophile Phase (T<65°C) bezeichnet, wobei die ideale Temperatur bei 55°C liegt. Daran schließt sich die Reifungsphase an (zwischen 30 und 45 °C). Die Temperaturen in den Beeten müssen kontrolliert werden, und wenn sie über 65 °C liegen, muss eine Belüftung erfolgen, d. h. das Material muss umgedreht oder sogar seine geometrische Form verändert werden. VALASQUES *et al.*, (2015)

Was die **Nährstoffkonzentration betrifft, so sind** die wichtigsten Nährstoffe für Mikroorganismen Kohlenstoff, Stickstoff und organische Salze. Ein bestimmtes Verhältnis von Kohlenstoff zu Stickstoff sollte zwischen 20:1 und 30:1 gehalten werden. Nach FERREIRA *et al.* (2011) sind menschliche und tierische Abfälle die Hauptquelle für Stickstoff, während das in Ernterückständen enthaltene Polymer der Hauptlieferant für Kohlenstoff ist.

Die Belüftung gilt als einer der wichtigsten Prozesssteuerungsparameter bei der Kompostierung mit Zwangsbelüftung. Normalerweise wird in der Anfangsphase der Kompostierung überschüssige Wärme durch Belüftung abgeführt, um die Temperatur unter 6065 °C zu halten. BARI; KOENIG, (2012). In der späteren Phase (Reifungsphase) ist eine niedrige Belüftungsrate erforderlich, um Wärmeverluste zu minimieren und die Kompostmasse für einen schnellen aeroben biologischen Abbau und eine wirksame Zerstörung von Krankheitserregern zu erhalten.

Zu den anderen Faktoren, die als wichtig erachtet werden, gehören: der potenzielle Wasserstoffgehalt (pH) - der Sauerstoffbedarf, der kontrolliert werden muss, um die beste Kompostqualität zu erhalten; der Feuchtigkeitsgehalt, der bei der Kompostierung etwa 50-70 Gew.-% beträgt; der Sauerstoffbedarf von etwa 15-20 %; und die Kompostqualität, die am besten ist, wenn das C/N-Verhältnis zwischen 10/1 und 20/1 liegt. Das C/N-Verhältnis ist wichtig, weil es eine zusätzliche Energiereserve in Form von Glukosemolekülen und Proteinen für die Zersetzungsprozesse darstellt, bei denen die aerobe Zersetzung normalerweise Kohlendioxid (CO_2),

7

Ammoniak (NH₃), Wasser (H₂ O) und Wärme erzeugt (ABUSHAMMALA *et al.*. 2016), 2016)

2.3 Arten der Kompostierung

Die Kompostierung gilt als wichtige Technologie der biologischen Verarbeitung und kann zur Stabilisierung verschiedener Arten von festen Abfällen eingesetzt werden. Neben der Volumenreduzierung sind diese Techniken auch in der Lage, Abfälle in wertvolle Düngemittel umzuwandeln (BHATTACHARYA *et al.*, 2016). Sie können in zwei Kategorien eingeteilt werden:

1- Die klassische Kompostierung, die als kontrollierte aerobe Umwandlung von Rohstoffen definiert ist, und die Vermikompostierung, die die Biooxidation und Stabilisierung organischer Stoffe durch das Zusammenwirken von Regenwürmern und Mikroorganismen umfasst. Laut HANC; DRESLOVA (2016) sind es zwar Mikroorganismen, die organische Stoffe biochemisch abbauen, aber Regenwürmer sind die *treibende Kraft* hinter dem Prozess, da sie die Belüftungsbedingungen fördern und das Substrat fragmentieren, was die Aktivität drastisch erhöht.

Nach VIAENE *et al.* (2016) ist die Kompostierung ein biologischer Prozess, bei dem organische Mikroorganismen unter kontrollierten Bedingungen, d. h. unter optimalen Feuchtigkeits- und Sauerstoffbedingungen, die den Zersetzungsprozess erleichtern, in stabile, humusreiche Produkte umgewandelt werden. VANDEN NEST *et al.* (2014) stellen fest, dass Kompost im Gegensatz zu schnell freisetzenden Düngemitteln wie Mineraldünger und Klärschlamm große Mengen an organischer Substanz enthält, die den organischen Kohlenstoffgehalt des Bodens (SOC) erhöht.

Nach HUANG *et al.* (2006) ist die Kompostierung ein Prozess der Befeuchtung organischer Materialien, wobei die Produkte dieser Befeuchtung, d. h. Folsäuren (FA) und Huminsäuren (HA), häufig zur Bewertung der Stabilität und Reife von Komposten verwendet werden. Eine weitere bekannte Technik ist die Vermikompostierung, die nach MEHTA; KARNWAL (2013) eine einfache Variante des Kompostierungsprozesses ist, bei der bestimmte Arten von Regenwürmern eingesetzt werden, um biologisch abbaubare feste Abfälle oder organische Abfälle in Nährstoffe für den Boden umzuwandeln. Vermicomposting wird als Bodenverbesserer eingesetzt. (2015) wegen der hohen Porosität, Belüftung, Drainage, Wasserrückhaltekapazität und mikrobiellen Aktivität, die bei der Vermikompostierung auftreten.

Nach Doan *et al.* (2015) führen bei der Vermicompostierung die Interaktionen zwischen Regenwürmern und Mikroorganismen zur Oxidation und Biostabilisierung von organischen Abfällen. PUI *et al.* (2014) zufolge findet der biologische Abbau von organischen Abfällen in einer aeroben Umgebung mit optimaler biologischer Aktivität und symbiotischen Wechselwirkungen zwischen Regenwürmern und Mikroorganismen statt. Die Vermikompostierung selbst kann nicht als neue Technologie betrachtet werden, da sie sich auf verschiedene Strategien zur

Bewirtschaftung fester Abfälle bezieht, bei denen Vermikompost als umweltfreundlicherer Ersatz oder als Integration mit chemischen Düngemitteln zur Erhaltung und weiteren Verbesserung der Bodenqualität an Interesse gewinnt. Laut *LIM et al.* (2015) sind die jüngsten Studien zu den Auswirkungen von Vermicompost auf die Bodeneigenschaften und das Pflanzenwachstum jedoch generell begrenzt.

Die Zeit, die für die Zersetzung und damit für die Mineralisierung dieser organischen Abfälle während der Kompostierungs- und Vermicompostierungsprozesse benötigt wird, hängt vom C/N-Verhältnis sowie von anderen physikalischen und chemischen Eigenschaften des Rohmaterials ab (DOMiNGUEZ *et al.*, 2014). COTTA *et al.* (2015) zufolge wird die Belüftung als wichtigster Mechanismus zur Vermeidung hoher Temperaturen während des Kompostierungsprozesses, zur Erhöhung der Oxidationsgeschwindigkeit, zur Verringerung der Geruchsfreisetzung und zur Reduzierung der überschüssigen Feuchtigkeit in einem Kompostierungsmaterial eingestuft.

Diese Parameter müssen während der Kompostierung richtig eingestellt und kontrolliert werden, damit die Mikroorganismen die besten Bedingungen für die Entfaltung ihrer biologischen Aktivitäten vorfinden. So stellen (LÓPEZ-GONZALEZ *et al.*, 2014) fest, dass Mikroben bei allen Vorgängen im Zusammenhang mit der Biotransformation von organischen Substraten eine grundlegende Rolle spielen, wobei Bakterien aufgrund ihrer metabolischen Vielseitigkeit den größten Einfluss haben.

Obwohl es sich bei der Kompostierung um eine einfache Technik handelt, die der Bevölkerung viele Vorteile bringt, muss sie dennoch in die Bewirtschaftung fester Abfälle einbezogen werden, da es Schwierigkeiten bei der Endbestimmung gibt und man sich um die Wiederverwendung dieser Abfälle bemüht, um die Umweltauswirkungen ihrer Behandlung zu minimieren.

2.4   Management fester Abfälle

Nach Ceretta *et al.* (2013) zielt das Umweltmanagement darauf ab, Umweltfragen auf der Grundlage der Interaktion zwischen der sozialen und der physisch-natürlichen Umwelt zu analysieren. Das Umweltmanagement sollte darauf abzielen, Praktiken anzuwenden, die den Schutz und die Erhaltung der biologischen Vielfalt, das Recycling von Rohstoffen und die Verringerung der Umweltauswirkungen menschlicher Aktivitäten auf natürliche Ressourcen gewährleisten.

Die Bewirtschaftung fester Abfälle ist Gegenstand von Diskussionen in Politik und Gesellschaft. Das Abfallaufkommen nimmt infolge des hohen Konsumniveaus zu, das ein charakteristisches Merkmal des derzeitigen Wirtschaftssystems ist und durch den übermäßigen Konsum von Produkten das Problem der korrekten Abfallentsorgung weiter verschärft. Es wird geschätzt, dass zwischen 50 und 60 % der in Brasilien erzeugten Abfälle aus organischen Feststoffabfällen bestehen (ISMAEL *et al*, 2013).

Umweltmanagement kann als wirksames Instrument zur Sensibilisierung der Gesellschaft durch Umwelterziehung eingesetzt werden, die die Aufgabe hat, Verhaltensänderungen zu verbreiten und die Einstellung zu unserem täglichen Leben, unseren Konsumgewohnheiten, unserer Ernährung und vor allem die Sorge um die Erhaltung einer gesunden Umwelt zu verändern.

GUERRERO; MAAS; HOGLAND, (2013) erkennen die Bedeutung von drei Dimensionen bei der Analyse, Entwicklung oder Veränderung der Abfallwirtschaft an. Diese Dimensionen sind: die Akteure, die ein Interesse an der Bewirtschaftung fester Abfälle haben; die Elemente oder Phasen der Bewegung oder des Flusses von Materialien von der Entstehung bis zur Behandlung und endgültigen Entsorgung sowie die Aspekte oder "Linsen", durch die das System analysiert wird.

Für SHEKDAR (2009) wurden in früheren Untersuchungen Interessengruppen, Personen oder Organisationen ermittelt, die ein Interesse an einer ordnungsgemäßen Abfallbewirtschaftung haben könnten. Die genannten Interessengruppen sind: nationale und lokale Regierungen, Kommunalbehörden, städtische Unternehmen und Nichtregierungsorganisationen.

Es ist notwendig, alle Bereiche einzubeziehen, aber vor allem ist es unerlässlich, bei der Schule, der Basis allen Wissens, anzusetzen, denn erst durch sie wird der Umwelterziehung Bedeutung verliehen.

2.5 Umweltbildung

Gegenwärtig herrscht große Besorgnis über die große Menge an Abfällen, die die Bevölkerung produziert, sowie über die Folgen für Gesundheit, Boden, Wasser, Luft und Umwelt. Für Pelegrini und Vlach (2011) war das Konzept der Umwelt ein grundlegender Schritt bei dem Versuch, ein Gleichgewicht in der Umweltproblematik zu finden, das auch Aspekte einschließt, die über die naturwissenschaftliche Perspektive hinausgehen und die modernen Produktions- und Konsummuster der industriellen Zivilisation sowie die etablierten sozialen, wirtschaftlichen und politischen Verhaltensweisen erwähnen.

Für BRUNNER; RECHBERGER (2015) ist es eine Tatsache, dass die sozial-ökologische Struktur der Städte in Bezug auf die Beziehungen zwischen den Menschen und mit der Natur und ihren Abfällen nicht nachhaltig ist, so dass es notwendig ist, integrierte Bildung in einem Umweltmanagementprozess anzuwenden.

Die Umwelterziehung befasst sich mit der Entsorgung fester Abfälle, was eine Änderung der Gewohnheiten und des Verhaltens der Bevölkerung erfordert. Nach CORREA; DA SILVA (2015) kann sie einen wirksamen Beitrag zur Erneuerung des Unterrichtsprozesses leisten, da sie die Grundlage für die kritische Umgestaltung der Bildungssysteme bildet und eine Verhaltensänderung in der Bevölkerung und damit eine nachhaltige Gesellschaft erreichen kann.

Dieser Wandel muss in den Schulen beginnen und auf die Familien übergreifen, damit er zu einem selbstverständlichen Teil ihres täglichen Lebens wird. Laut DAMERELL; HOWE; MILNER-GULLAND (2013) hat die Wahl dieser Zielgruppen für die Umwelterziehung sowohl Vor- als auch Nachteile. Kinder sind ein häufiges Zielpublikum für die Einstellung zur Umwelt, da sie diese Einstellung schon in jungen Jahren zu entwickeln beginnen. GIFFORD; NILSSON (2014) stellen fest, dass sie das Verhalten, das sie als umweltschädlich empfinden, "verlernen" können und einen längeren Zeitraum haben, um die Umweltqualität zu beeinflussen. Kinder können auch andere zu umweltbewusstem Verhalten anregen.

Nach Albuquerque (2014) ist Umwelterziehung die bewusste Praxis des Recyclings und der Wiederverwendung fester Abfälle zusammen mit der ordnungsgemäßen Entsorgung, die für die Krankheitsvorbeugung und Gesundheitsförderung von größter Bedeutung ist.

Die Gesellschaft muss beginnen, ihr bürgerschaftliches Engagement auszuüben und sich der Bedeutung der Umwelterziehung bewusst werden, indem sie die verschiedenen Auswirkungen aufzeigt und die Gemeinschaft ermutigt, mit der Umwelt zu interagieren, und zwar durch eine Haltung, die Handlungen und Werte weckt, die auf eine schrittweise Verhaltensänderung abzielen, wobei diese Handlungen sich vervielfachen und eine wirksame Beteiligung und folglich eine Verbesserung der Umwelt und der Lebensqualität bewirken.

Eine Verhaltensänderung kann mit kleinen Dingen beginnen, wie z. B. der korrekten Entsorgung und Aufbereitung fester Abfälle, die heute in die freie Natur geworfen oder verbrannt werden, wo sie bei der Zersetzung Probleme für den Boden verursachen, und es sind Maßnahmen erforderlich, um diese Auswirkungen zu minimieren.

2.6 Biozersetzer

Nach CAMPERO *et al.* (2008) ist der Einsatz dieser Technologie nicht neu, aber in den letzten Jahren ist das Interesse an ihr aufgrund der aktuellen Energiekrise, die durch die Erschöpfung der fossilen Brennstoffe verursacht wird, gestiegen. Darüber hinaus trägt die Verwendung von Biogas zur Verringerung der Treibhausgasemissionen bei. Der Einsatz des Biokomposters ist einfach zu handhaben und eine Alternative im Kompostierungsprozess, da er nicht nur die Menge der in die Umwelt eingebrachten Abfälle reduziert, sondern auch verschiedene Vorteile bei der Anwendung des Endprodukts, d.h. des organischen Düngers, bietet.

Seit den 1980er Jahren verbreiten sich Hausmülldeponien in Lateinamerika in ländlichen Gebieten tropischer Länder wie Kolumbien und Costa Rica (CIOTOLA; LANSING; MARTIN (2011) und in Bergregionen von Peru und Bolivien (FERRER *et al.* (2011).

THANGAVEL;RAJAN; KEVIN. (2013) stellen fest, dass der Biofilter ein System ist, das die Zersetzung von organischem Material fördert, ein Stabilisierungsprozess ist und Gerüche und Krankheitserreger reduziert.

Für GARFi *et al.* (2016) sind Biokomposter einfache und wirksame Technologien, die armen Gemeinschaften, insbesondere in ländlichen Gebieten, Energie liefern können. Die Rolle des Biokomposters besteht darin, die Zersetzung von organischem Material zu beschleunigen. Diese Zersetzung erfolgt durch einen biochemischen Prozess, der von Tausenden von Bakterien durchgeführt wird.

Laut FONGARO *et al.* (2014) ermöglicht der Einsatz von anaeroben Fermentern die Speicherung und Rückgewinnung von Biogas aus den Abwässern sowie die Wiederverwendung der Endabwässer als Biodünger. Diese Biodünger tragen dazu bei, den Feuchtigkeitsgehalt des Bodens aufrechtzuerhalten und damit seine Struktur zu verbessern.

In Bezug auf die Nutzung des Biofilters stellen SMITH; SCHROENN GOEBEL; BLIGNAU, (2014) fest, dass der Biofilter für den häuslichen Gebrauch von den Nutzern verlangt, das System zu füttern, was zu einer Verringerung der erzeugten Abfallmenge beitragen wird.

Aufgrund ihrer geringen Bau- und Wartungskosten sowie ihrer einfachen und schnellen Installation werden Biogasanlagen in kleinen landwirtschaftlichen Betrieben eingesetzt. Dank ihrer geringen Kosten wird ihr Einsatz in der kubanischen Landwirtschaft immer weiter verbreitet, wodurch die Indikatoren für die Umweltverschmutzung verringert werden, da ihr Produkt zur Düngung und Bewässerung verschiedener Kulturen verwendet werden kann. SOSA *et al.* (2014).

3 METHODIK

Die in dieser Studie angewandte Methodik begann mit einer Literaturübersicht. Darauf folgte eine Einführung in die Verwendung von Zersetzern, die schließlich in einer isolierten Gemeinschaft eingesetzt wurden. Die Reihenfolge, in der die Studie durchgeführt wurde, ist im nachstehenden Flussdiagramm dargestellt.

Abbildung 1: Flussdiagramm des Prozessablaufs

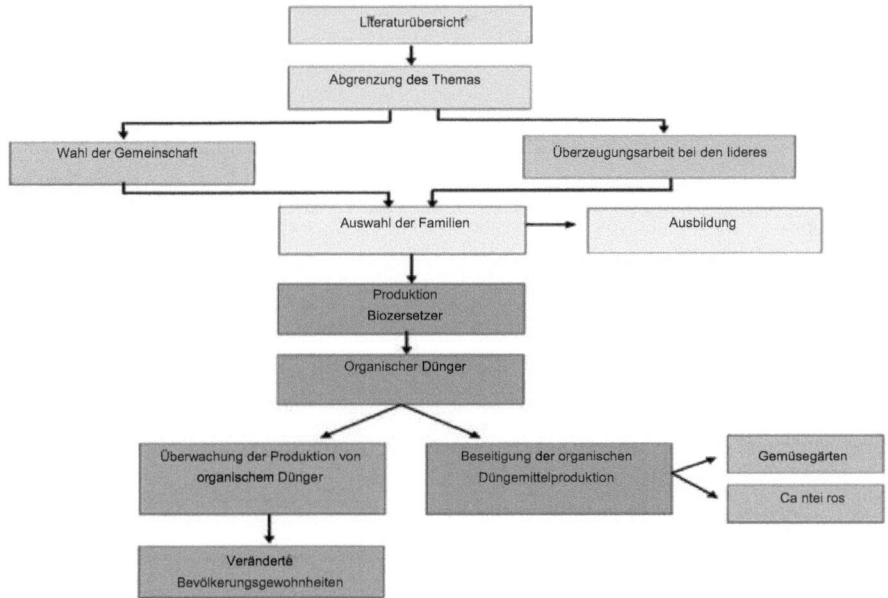

Quelle: Autoren, 2017.

Gemäß Abbildung 1 werden die methodischen Verfahren wie folgt beschrieben:

3.1 Literaturübersicht

Die Literaturrecherche stützte sich auf Artikel, die in den letzten fünf Jahren zum Thema der endgültigen Entsorgung fester organischer Abfälle in isolierten Gemeinden veröffentlicht wurden.

3.2 Abgrenzung des Themas

Es handelt sich um eine Fallstudie in einer abgelegenen ländlichen Gemeinde in der Nähe der Stadt Manaus im Bundesstaat Amazonas.

3.3 . Wahl der Gemeinschaft

Für die Durchführung dieser Untersuchung suchten wir zunächst eine Gemeinde, die sowohl über den Landweg als auch über einen Fluss leicht erreichbar war. Außerdem suchten wir nach einer Gemeinde, in der es möglich sein würde, einen Prozess der Verhaltensänderung in Bezug auf die täglich anfallenden organischen Abfälle zu entwickeln. *In* dem Dorf, das wir untersuchen wollten, wurden *Vor-Ort-Beobachtungen* gemacht, und es wurde festgestellt, dass einige Familien nicht in der Gegend wohnen, sondern nur für das Wochenende ein Haus haben, und ein wichtiges Kriterium für unsere Forschung war, dass es sich um ständige Bewohner handeln sollte, was es einfacher machen würde, mit ihnen Kontakt aufzunehmen und die Ergebnisse zu überwachen.

3.4 Überzeugungsarbeit bei den Verantwortlichen der Gemeinschaft

Da sich herausstellte, dass einige der Familien in der ausgewählten Gemeinde nicht in dem Gebiet leben, war es wichtig, die Gemeindevorsteher einzubeziehen, da sie die Kommunikation zwischen den Bewohnern, sowohl den ständigen als auch den gelegentlichen, erleichtern würden. Außerdem war es durch ihre Führung einfacher, sie von der Bedeutung dieses Projekts für das Wohlergehen aller zu überzeugen.

3.5 Auswahl der Familien

Ausgehend von der Zahl der Einwohner in dem Gebiet wurde eine bestimmte Anzahl von 16 Familien ausgewählt. Nach der Auswahl der Familien wurde eine Studie über ihre sozioökologische Situation durchgeführt. Zu diesem Zweck wurde eine Umfrage mit den Daten der IBGE-Volkszählung (2010) und denselben Fragebögen durchgeführt, die auch von dieser Einrichtung verwendet werden.

Anschließend wurde ein Fragebogen erstellt, um den Kenntnisstand in Sachen Umweltmanagement zu ermitteln und so das Niveau zu bestimmen, auf dem die Schulung durchgeführt werden sollte. Die konkrete Auswahl der einzelnen Bewohner erfolgte auf der Grundlage ihres Interesses an der Teilnahme an dem Projekt nach Rücksprache mit dem Gemeindeleiter. Eines der Kriterien für die Auswahl der Familien war, ob sie über einen Gemüsegarten verfügten oder daran interessiert waren, einen solchen anzulegen, um den zu produzierenden Dünger ausbringen zu können.

Ziel der Fragebögen war es, bestimmte Einstellungen der Bewohner zu diagnostizieren, die auf deren mangelndes Wissen über die Entsorgung von organischen Siedlungsabfällen zurückzuführen sind. Der Fragebogen enthielt 15 Fragen, von denen 14 objektiv waren und eine einen Aufsatz darstellte, und bezog sich auf die soziodemografische Charakterisierung und die Entsorgung der organischen Abfälle, die von den Einwohnern von Vila do Paricatuba/AM produziert werden, in Bezug auf die Entsorgung, das Wegwerfen und die durch den Hausmüll verursachten

Umweltprobleme.

Die Fragen, die in diesem Fragebogen behandelt wurden, betrafen: den Verbleib fester Abfälle aus dem Haushalt; die Lagerung fester Abfälle; die Straßensammlung; die Sammlung organischer Abfälle; die Zuständigkeit für die Straßenreinigung; die Beratung über die Umwelt; die Sorge um den rationellen Verbrauch fester Abfälle und die Frage, wie man das Beste daraus machen kann; die Frage, wie man die kommunalen Behörden und die Bevölkerung umgestalten kann, um das Leben zu verbessern; das Wissen über die getrennte Sammlung; die Bedeutung von organischem Dünger; eine Änderung der Einstellung.

3.6 Ausbildung

Nach Erhalt des Biozerkleinerers erhielt jede Familie eine individuelle Schulung in der Bewirtschaftung fester Abfälle und in der Verwendung des Biozerkleinerers. Sie erhielten eine Broschüre und ein Video, in dem gezeigt wurde, wie feste Abfälle mit Hilfe des Geräts korrekt entsorgt werden . Es wurde beschlossen, die Überwachung monatlich durchzuführen, und nach dem ersten Monat sollte das Material entnommen, gewogen und in Zukunft analysiert werden.

3.7 Für die Herstellung von Biokompostern benötigte Materialien

Biokomposter sind physikalische Strukturen, die die anaerobe Biovergärung erleichtern, indem sie ein günstiges Umfeld für die Mikroorganismen bieten, die für diese Vergärung verantwortlich sind. Der für den Aufbau des Biokomposters verwendete Behälter ist ein Kunststofffass aus Polyethylen mit den Maßen 92 cm x 58 cm (Höhe x Breite), in dem wir ein 200-Liter-Fass verwendet haben. Tabelle 1 zeigt die verwendeten Materialien.

Tabelle 1. Für den Zusammenbau eines Biokomposters verwendete Teile

Komponente	Maßnahme	Menge
Pumpe	1 und ein halb (200 Liter)	1
PVC-Rohr	40 mm	1
PVC-Rohr 20 cm	200 mm	1
Ecke	1 1/2" mit Flügeln	4
PVC-Schutzhülle	150 mm	1
PVC-Bogen	40 mm	1
Flansch	40 mm	1
Flansch	20 mm	1

Schraube	5 cm mit Mutter	6
Nieten	Alaun. 4.0 x 16	2
Tippen Sie auf .	Einheit	1

Quelle: Autoren, 2017.

3.8 Zusammenbau des Biokompositors

In der Literatur (ARIAS *et al.*, 2012) und im Internet (SEN *et al.*, 2016) finden sich Möglichkeiten, einen Biokomposter zusammenzubauen. Aufgrund der begrenzten Kosten für den Erwerb von Materialien war es jedoch notwendig, ein spezifisches Design für den in dieser Arbeit verwendeten Biokomposter zu entwickeln.

3.9 Veränderungen in den Gewohnheiten der Bevölkerung

Es ist notwendig, die Einwohner von Vila do Paricatuba durch Information und Sensibilisierung zu ermutigen, die Wiederverwendung fester organischer Abfälle durch die Nutzung des Biokomposters und folglich die Herstellung von organischem Dünger zu nutzen und so die Menge an festen organischen Abfällen, die in falschen Räumen abgelagert werden, zu verringern. Es wird erwartet, dass diese Maßnahmen zur Verbesserung der Umweltbedingungen und der Gesundheit der dort lebenden Bevölkerung beitragen werden. Der in dem Dorf anfallende Hausmüll stammt aus dem täglichen Leben der Familien und besteht aus Lebensmittelabfällen (Gemüse, Obstschalen, Hülsenfrüchte). Die im Kompostierungsprozess verwendeten organischen Abfälle werden später als organischer Dünger für die Gemüsegärten verwendet.

Wir wissen, dass diese Veränderung einen langen Prozess erfordert, aber wir haben bereits begonnen, eine signifikante Veränderung im Verhalten der Beteiligten zu beobachten. Die Analyse dieser Verhaltensänderung wurde anhand eines Fragebogens zur Zufriedenheit mit der Nutzung des Produkts gemessen.

3.10 . Überwachung der Erzeugung von organischem Dünger und Biodünger

Die Herstellung von organischem Dünger und Biodünger wurde in zwei Stufen überwacht. Die erste Stufe des Zersetzungsprozesses fester organischer Abfälle für die Herstellung von organischem Dünger und Biodünger wurde im Juni 2016 durchgeführt. Die zweite Stufe fand im Juli 2016 statt.

Zur Gewinnung des organischen Düngers wurden in der ersten Phase die organischen Abfälle der ausgewählten Haushalte kompostiert, und nach zwei Monaten wurden der Dünger und der Biodünger entfernt und gewogen.

16

3.11 Überwachung der Entsorgung von organischem Dünger und Biodünger

Der gesammelte Kompost wurde in ein bestehendes Blumenbeet in einem der ausgewählten Häuser gebracht, wo es ein kleines Blumenbeet gibt.

Es wurden zwei Proben des organischen Düngers aus dem Biokomposter entnommen, die erste nach 60 Tagen und die zweite nach 90 Tagen (Abbildung 2).

Abbildung 2: Organischer Dünger und Biodünger

Quelle: Autoren, 2016.

4   ERGEBNISSE

4.1   Wahl der Gemeinschaft

Die Stadt Paricatuba, auch bekannt als Vila de Paricatuba, liegt im Sektor 01 des Distrikts 25, in der Gemeinde Iranduba, mit historischen Ruinen (Abbildung 3-A), die hauptsächlich mit dem Boot erreichbar sind (Abbildung 3-B), 50 Kilometer von der Stadt Manaus, der Hauptstadt des Bundesstaates Amazonas, entfernt, und obwohl es so nahe an Manaus liegt, ist es immer noch ein Dorf, das als isoliert betrachtet werden kann (Abbildung 3).

Figura 3:   Historische Ruinen (A) und Strand von Paricatuba (B) (Quelle: Google images), 2016

Quelle: GOOGLE IMAGES, 2016

Die geografischen Koordinaten sind 3° 04'50.2" südliche Breite und 60° 13'59.1" westliche Länge von Greenwich. Nach Angaben des brasilianischen Instituts für Geographie und Statistik (IBGE) (2010) leben in der Gemeinde 1.048 Einwohner, die sich aus 163 Familien zusammensetzen. Paricatuba ist Teil des Umweltschutzgebiets am rechten Ufer des Rio Negro - Sektor Paduari-Solimoes, das von der Regierung des Bundesstaates per Dekret 16.498 von 1995 eingerichtet wurde.

Figura 4: Lageplan des Dorfes Paricatuba, (Google maps, 2016)

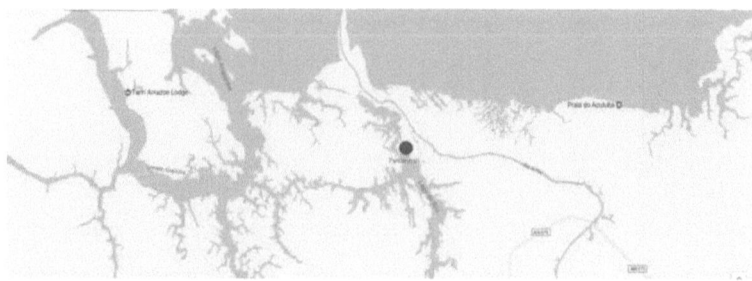

Quelle: GOOGLE MAPS, 2016.

Um das Projekt zu entwickeln, wandten wir uns zunächst an den Präsidenten der Gemeinde und zeigten ein Video, in dem wir erläuterten, wie wichtig es für die Gemeinde ist, die anfallenden organischen Abfälle auf die richtige Weise zu entsorgen, da diese Art der Entsorgung verschiedene Probleme für die Anwohner vermeidet. Unter den verschiedenen Möglichkeiten wurde erklärt, dass an bestimmten Stellen in der Gemeinde Biokomposter aufgestellt werden sollen. Gemüse- und Obstreste würden in diesen Biokompostern deponiert, wo nach einem Prozess das Endprodukt organischer Dünger und Biodünger wäre. Der erzeugte Dünger würde für die Kompostierung von Gemüsegärten und Blumenbeeten verwendet werden und somit einen wichtigen Beitrag zur Verbesserung der Lebensbedingungen der Bevölkerung der Gemeinde leisten, insbesondere durch die Übernahme neuer Gewohnheiten und die Verbesserung der Lebensbedingungen der Einwohner.

4.2   Überzeugende Führungskräfte

Der Präsident und der Vizepräsident der Gemeinde zeigten sich sehr zufrieden mit dem immensen Beitrag, den dieses Projekt für das Dorf leisten würde. Unter den vielen Faktoren und Argumenten für einen Wandel, die dieses Projekt zu bieten hat, war eines die große Veränderung im Verhalten und in der Einstellung der Beteiligten zur endgültigen Entsorgung von organischen Abfällen, die sich positiv auswirken würde, so dass sie in Zukunft die gesamte Gemeinde verändern könnte, was sich auf die Umwelt, die Lebensqualität und die Verringerung von organischen Abfällen, die unsachgemäß in die Umwelt geworfen werden, auswirken würde. Wir stellten fest, dass die Verantwortlichen der Gemeinde das Projekt sehr positiv aufgenommen haben.

4.3   Auswahl der Familien

Wie bereits erwähnt, ergab die Volkszählung (CENSO IBGE, 2010), dass es in Vila do Paricatuba 163 Haushalte gibt, von denen 134 ihre organischen Abfälle in Mülltonnen entsorgen.

Nach einem Monat erhielt jede ausgewählte Familie einen Biokomposter zusammen mit einer Anleitung zur Vorgehensweise und einer Broschüre mit Anweisungen zur Art der Abfälle, die in den Biokomposter gegeben werden dürfen.

4.4   Sozioökonomische Diagnose der Familien

Nur 16 Haushalte wurden für die Teilnahme an dem Projekt ausgewählt, was 10 % der Haushalte des Dorfes entspricht, in dem die Fragebögen ausgefüllt wurden. Dieser Prozentsatz wurde dadurch begrenzt, dass jede an der Untersuchung beteiligte Familie kostenlos einen Biokompostierer in ihrem Haus erhalten und der Prozess von da an überwacht werden sollte. In der Anfangsphase wurden Besuche durchgeführt, um das Projekt vorzustellen und den Grad der Akzeptanz und der Beteiligung der Bewohner an dem Prozess zu überprüfen. Bei diesen Besuchen stellte sich heraus, dass die meisten Familien in einer schlechten wirtschaftlichen Lage waren oder nur in sehr geringem Maße vom Anbau von Feldfrüchten lebten.

Laut IBGE-Zensus (2010) haben 50 % der Dorfbewohner nur eine unvollständige Grundschulbildung. Das Bildungsniveau der Projektteilnehmer ist in Abbildung 5 dargestellt.

Abbildung 5: Schulbildung der Projektteilnehmer

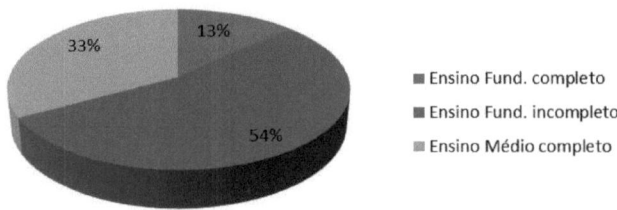

Quelle: Autoren. 2016

Abbildung 5 zeigt das Bildungsniveau der Projektteilnehmer, wobei festgestellt wurde, dass 13 % die Grundschule abgeschlossen hatten, 54 % die Grundschule unvollständig besucht hatten und 33 % die Sekundarschule abgeschlossen hatten. Es ist hervorzuheben, dass Bildung eines der Instrumente ist, um das Leben und die Einstellungen der Menschen zu verändern.

Abbildung 6 zeigt das Familieneinkommen der Projektteilnehmer, und es ist zu hoffen, dass das Projekt, wenn es von den Teilnehmern weitergeführt wird, auch zu einer neuen Generation von Einkommen für diese Familien in der Zukunft beitragen wird, da 60 Prozent von ihnen von einem Einkommen zwischen dem ein- und zweifachen des Mindestlohns leben, wie in Abbildung 1 unten dargestellt.

Abbildung 6: Familieneinkommen der Projektteilnehmer.

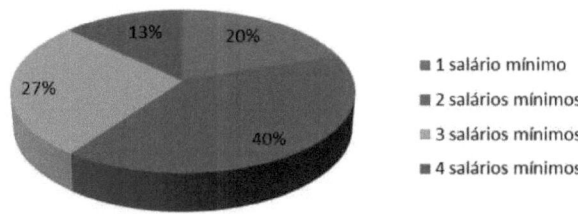

Was das Einkommen der am Projekt teilnehmenden Familien betrifft, so geben 3 an, bis zu einem Mindestlohn zu verdienen (20 %), 6 verdienen 2 Mindestlöhne (40 %), 4 verdienen 3 Mindestlöhne (27 %) und 2 verdienen 4 Mindestlöhne (13 %), so dass das Profil der Familien ein niedriges Einkommen aufweist. Dies zeigt den direkten Zusammenhang zwischen Bildungsniveau/Einkommensklasse und der Art und Weise, wie mit dem im Alltag anfallenden Abfall umgegangen wird. Man kann mit Sicherheit sagen, dass die Abfallentsorgung ein Problem der Umwelterziehung oder des Umweltbewusstseins ist. Die Müllentsorgung in großen und kleinen Städten muss durch die Bildungspolitik angegangen werden. In den letzten zehn Jahren wurden jedoch Anstrengungen unternommen, den aktuellen Lehrplan mit fächerübergreifenden Themen, einschließlich der Umwelterziehung, umzusetzen. Die große Schwierigkeit liegt in der Praxis der richtigen Müllentsorgung.

4.5 Ausbildung

Nach der Auswahl der Familien, die an dem Projekt teilnehmen sollten, wurden Besuche durchgeführt, um ihren Kenntnisstand in Bezug auf Verpackung, Entsorgung fester Abfälle, Lagerung, Sammlung, Transport, Reinigung öffentlicher Straßen und Abfallentsorgung zu ermitteln. Alle Familien wurden einzeln besucht, da die Entfernungen zwischen den Häusern zu groß waren. Bei jedem Besuch wurde ein Video gezeigt, in dem die Bedeutung der Verwendung eines Biokomposters für die korrekte Entsorgung fester organischer Abfälle und die Verwendung von organischem Dünger und Biodünger erläutert wurde. Anschließend erhielt jede Familie eine Broschüre mit Gegenständen, die in den Biokomposter gelegt werden konnten (Abbildung 7).

Abbildung 7: Einsatz mit Materialien, die in den Biokomposter eingebracht werden konnten und nicht konnten

4.6 Reihenfolge des Zusammenbaus von Biozersetzern

Der erste Schritt beim Bau des Biokomposters bestand darin, alle Fässer zu desinfizieren, da sie zum Transport von chemischen Produkten verwendet wurden. Nach der Desinfektion wurde ein Behälter in der Mitte durchgeschnitten und mit einer 20-mm-Lochsäge ein Loch gebohrt, in das ein Flansch und ein gemeinsamer Hahn zur Entsorgung des "Sickerwassers" eingesetzt wurden.

Im zweiten Schritt wurde das gesamte Fass genommen und mit einem Bohrer mit einem speziellen 12-mm-Bohrer mehrere Löcher nebeneinander in den Boden gebohrt (in Form eines Siebs), durch die die Flüssigkeit des zersetzten "Biodüngers" abfließen sollte. Anschließend wurde die halbe Dose mit der ganzen Dose verbunden, und zwar mit vier Nieten, um zu verhindern, dass sich ein Teil vom anderen löst. Nach dem Zusammenfügen wurde mit einer Stichsäge eine 200 mm große Öffnung hergestellt, durch die die gesammelten Abfälle (organischer Dünger) abgeleitet werden sollten, und ein 20 cm langes Abwasserrohr wurde verlegt, das mit drei 1 1/2"-Winkeln und 12 Nieten befestigt wurde. Das Sammelrohr wurde mit einem Holzdeckel versehen, an dessen Ende eine Gummikappe angebracht war, um das Entweichen von Gasen und das Eindringen von Insekten zu verhindern.

Für den dritten Schritt wurde ein 150-mm-Loch in den Deckel gebohrt und ein Deckel mit einer PVC-Kappe angepasst, durch den die organischen Abfälle eingefüllt werden sollten. Die Kappe wurde nur im ersten Modell des Biokomposters verwendet, da der Deckel aufgrund seiner hohen Kosten mit der Hälfte einer 150-mm-PVC-Spule, einem Seil und einem Wasserflaschenverschluss angepasst werden musste, was die Kosten erheblich senkte.

Ein 50-Millimeter-Flansch, ein 30-cm-PVC-Rohr, ein 50-mm-Knie und ein 40-Millimeter-PVC-Rohr wurden an die Entlüftung geklebt. In das 40-Millimeter-Rohr wurden ein Schwamm und Holzkohle eingelegt, damit die Gase entweichen und keine Insekten eindringen können. Abbildung 8 zeigt den Zusammenbau des Biokomposters.

Abbildung 8 - Schrittweiser Aufbau des Biokomposters

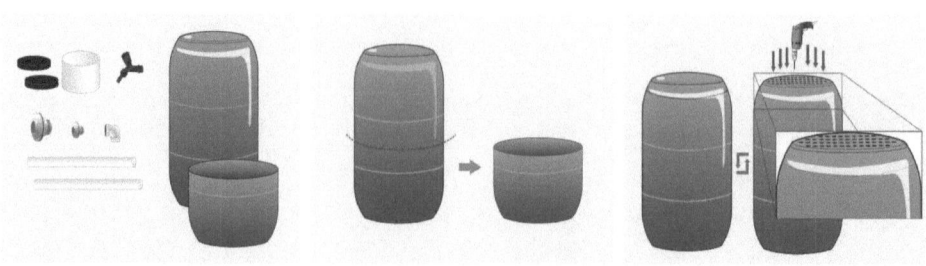

8.1 Für den Bau des Biokomposters   8.2 Schneide einen Behälter auf und   8.3 Durchstechen Sie den

verwendete Materialien   füge ihn zusammen.   gesamten Behälter, durch den
                                                                die Gülle fließen soll.

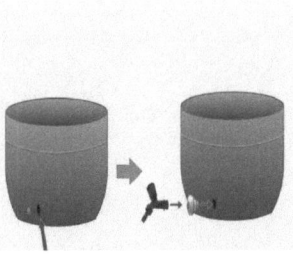

8.4 Zusammenbau von Schenkel und   8.5 Anbringen des Wasserhahns zur   8.6 Faßarmaturen
Deckel   Entnahme des Biodüngers

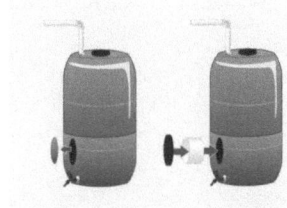
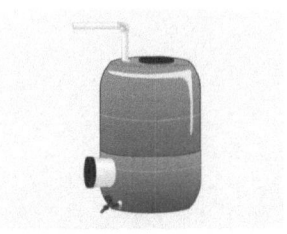

8.7 Montage des Düngerauslasses   8.8 Zusammengebauter
                                     Biokomposter

Nach der Veranschaulichung des gesamten in Abbildung 8 gezeigten Ablaufs für den korrekten Zusammenbau des Biokompositors wurde das Gerät vorgestellt, aufgebaut und für den Einsatz im Projekt vorbereitet (Abbildung 9), wobei die einfache Handhabung des Geräts bestätigt wurde.

Abbildung 9: Biokompositor

Quelle: Autoren, 2016.

4.7 Endgültige Entsorgung fester organischer Abfälle vor Durchführung des Projekts.

In dem Fragebogen, der den Teilnehmern ausgehändigt wurde, um den endgültigen Verbleib fester organischer Abfälle zu ermitteln, bevor sie von dem Projekt erfuhren und es umsetzten, gaben 27 Befragte (94 %) an, dass sie feste Abfälle verbrannten, 1 Befragter (3 %) gab an, sie auf den Müll zu werfen, und 1 Befragter (3 %) gab an, feste organische Abfälle auf andere Weise zu entsorgen, wie in der Grafik in Abbildung 10 dargestellt.

In den Abbildungen 10 und 11 werden die Ergebnisse des IBGE (2010) mit den Fragebögen verglichen, die den Teilnehmern bezüglich der endgültigen Entsorgung der organischen Abfälle dieser Familien ausgehändigt wurden.

Abbildung 10: Entsorgung von organischen Abfällen

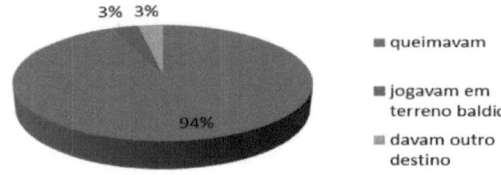

Quelle: Autoren, 2016

Abbildung 11: Ergebnisse der Fragebögen, die den Einwohnern der Gemeinde
Paricatuba vorgelegt wurden

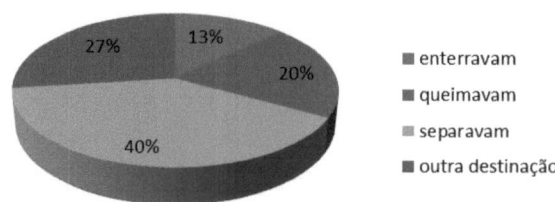

Quelle: Autoren, 2016

Ein Vergleich des Fragebogens mit den Teilnehmern des Projekts ergab, dass die von den 15 Teilnehmern erzeugten organischen Abfälle folgendermaßen entsorgt wurden: 2 Personen vergruben sie (13 %), 3 verbrannten sie (20 %), 6 trennten sie (40 %) und 4 (27 %) gaben sie einem

24

anderen Verwendungszweck zu, was eine gewisse Besorgnis über den tatsächlichen Verbleib dieser Abfälle hervorruft. Es ist anzumerken, dass nur 1 Teilnehmer die Umfrage abgebrochen hat.

Es wurde auch festgestellt, dass die Kultur des Verbrennens von Abfällen im Freien sehr weit verbreitet ist, was beim Vergleich der beiden dargestellten Diagramme besorgniserregend ist, da der Prozentsatz der Befragten, die angaben, andere Methoden zur Entsorgung ihrer Abfälle zu verwenden, mit 27 % hoch ist. Es ist offensichtlich, dass die Schulbildung mit diesem sozialen Phänomen zusammenhängt. Je höher die Bildung, desto höher die Gehaltsspanne und theoretisch auch das Umweltverständnis. Themen wie die globale Erwärmung sind laut (INNOCENT; BITONDO; AZIBO, 2016) historisch evident, aktuell wichtig und werden sowohl kurz- als auch langfristig weiterhin wichtig sein. Es wurde auch festgestellt, dass die Verschmutzung des Grundwassers durch Sickerwasser Probleme sind, die von Gemeinden mit diesem Profil nicht beobachtet werden. Die in diesem Projekt vorgeschlagene integrative Umwelterziehung könnte ein wichtiges Instrument sein, um dieses Szenario zu ändern.

4.8 Überwachung der organischen Düngemittelproduktion

Nachdem 60 Tage lang organische Abfälle in den Biokompostern entsorgt worden waren, wurde der organische Dünger zum ersten Mal eingesammelt und gewogen. 8,0 Kilo organischer Dünger und 1 Liter Biodünger, auch "Gülle" genannt, wurden entnommen. Bei dieser ersten Sammlung wurde festgestellt, dass einige Teilnehmer eine große Menge Laub hineingegeben hatten, was den Kompostierungsprozess verlangsamte.

Diese erste Sammlung war mit großen Erwartungen verbunden, da 15 Biokomposter zusammen mit dem Informationspaket geliefert worden waren und eine größere Anzahl von Produkten erwartet wurde. Wir bereiteten den Biodünger für die Ausbringung auf einem Blumenbeet vor und verwendeten Wasser im Verhältnis 5:1, bezogen auf das Volumen für 30 Tage.

Die festen organischen Abfälle wurden oben im Biokomposter deponiert. Am unteren Ende wurde in 20 cm Höhe ein Wasserhahn angebracht, so dass in der gesamten Trommel ein Leerraum von 92 cm Höhe verblieb.

4.8.1 Herstellung von Kompost und Biodünger

Nach 90 Tagen wurde die Sammlung 2[a] durchgeführt, bei der 40 Kilo Kompost und 8,0 Liter Biodünger gesammelt wurden, wie in Abbildung 12 dargestellt. Es ist erwähnenswert, dass diese Sammlung in nur 4 Biokompostern durchgeführt wurde.

Abbildung 12: Ergebnisse der 2. Sammlung von organischem Dünger und Biodünger

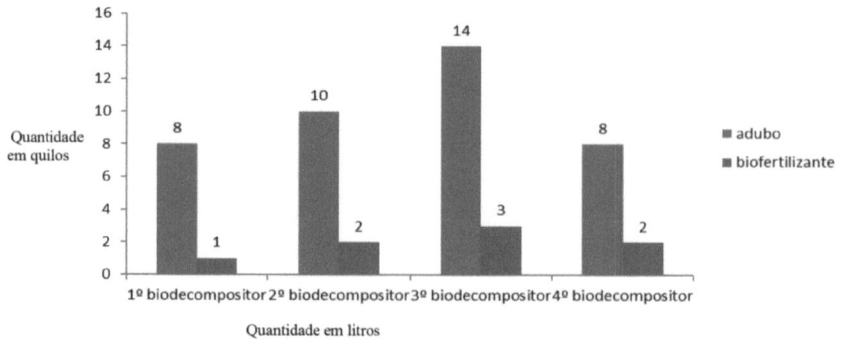

Quelle: Autoren, 2016

Das Diagramm in Abbildung 12 zeigt, dass die durchschnittliche Produktion von organischem Dünger 10 Kilo pro Biokompostierer betrug und die durchschnittliche Produktion von Biodünger 2 Liter. Diese Produktion war für bestehende Beete in den Häusern der teilnehmenden Familien oder für neue Beete bestimmt. Die Familien erhielten Saatgut für verschiedene Gemüsesorten, die mit dem produzierten organischen Dünger und Biodünger angepflanzt wurden. Zum Besprühen wurde eine Mischung aus Biodünger und Wasser im Verhältnis 1:5 hergestellt und während der Entwicklung des Gemüses verwendet.

4.8.2 Ergebnisse der nach der Durchführung des Projekts durchgeführten Befragungen.

Tabelle 2 zeigt das Verhalten der Teilnehmer in Bezug auf organische Abfälle vor und nach der Durchführung des Projekts, wobei verschiedene Elemente im Zusammenhang mit diesen Abfällen dargestellt werden.

Die Ergebnisse der Fragebögen, die den Teilnehmern vor der Durchführung des Projekts ausgehändigt wurden, wurden mit der Richtung der von den Biokompostierern hergestellten Produkte verglichen (siehe Tabelle 2):

Tabelle 2- Verhalten der Projektteilnehmer

Teilnehmer	Abfallentsorgung	Entsorgung von Düngemitteln	Dungentsorgung	Produktbestimmung	Motivation
Gebietsansässiger 1	Vergraben	Nicht anwendbar	Nicht anwendbar	Nicht anwendbar	Nicht anwendbar
Anwohner 2	Vergraben	Nicht anwendbar	Nicht anwendbar	Nicht anwendbar	Nicht anwendbar
Gebietsansässiger 3	Verbrannt	Er begann, es auf der Baustelle zu benutzen	Er begann, es auf der Baustelle zu benutzen	Verwendung für den Familienverbrauch	Die Arbeit mit dem Land verschafft einem mehr Befriedigung.

26

Gebietsansässiger 4	Andere	Nicht anwendbar	Nicht anwendbar	Nicht anwendbar	Nicht anwendbar
Gebietsansässiger 5	Gespielt im Busch	Er begann, es auf der Baustelle zu benutzen	Er begann, es auf der Baustelle zu benutzen	Erweiterung des Gemüsegartens und Vermarktung der im Garten erzeugten Produkte.	Er hatte das Gefühl, dass er mit dem, was er wegwarf, Einsparungen erzielte.
Gebietsansässiger 6	Andere	Nicht anwendbar	Nicht anwendbar	Nicht anwendbar	Nicht anwendbar
Gebietsansässiger 7	Verbrannt	Nicht anwendbar	Nicht anwendbar	Nicht anwendbar	Nicht anwendbar
Gebietsansässiger 8	Alles wegwerfen	Er begann, es auf der Baustelle zu benutzen	Er begann, es auf der Baustelle zu benutzen	Verwendung für den Familienverbrauch und in Restaurants	Sie werden ermutigt, diese Veränderung als Attraktion für Ihr Restaurant zu nutzen.
Gebietsansässiger 9	Verbrannt	Er begann, es auf der Baustelle zu benutzen	Er begann, es auf der Baustelle zu benutzen	Verwendung als Nahrungsergänzungsmittel, Verteilung an Nachbarn	Er begann, andere Menschen zu ermutigen, das Gleiche zu tun.
Gebietsansässiger 10	Verbrannt	Nicht anwendbar	Nicht anwendbar	Nicht anwendbar	Nicht anwendbar
Gebietsansässiger 11	Verbrannt	Nicht anwendbar	Nicht anwendbar	Nicht anwendbar	Nicht anwendbar
Gebietsansässiger 12	Verbrannt	Nicht anwendbar	Nicht anwendbar	Nicht anwendbar	Nicht anwendbar
Gebietsansässiger 13	Getrennt	Nicht anwendbar	Nicht anwendbar	Nicht anwendbar	Nicht anwendbar
Gebietsansässiger 14	Getrennt	Nicht anwendbar	Nicht anwendbar	Nicht anwendbar	Nicht anwendbar
Gebietsansässiger 15	Getrennt	Nicht anwendbar	Nicht anwendbar	Nicht anwendbar	Nicht anwendbar

Quelle: Autoren, 2016

In Bezug auf die Abfallentsorgung antworteten die Projektteilnehmer: 2 vergruben den Abfall (13 %), 6 verbrannten ihn (40 %), 3 trennten ihn (20 %), 1 warf ihn in den Wald (7 %), 2 entsorgten ihn auf andere Weise (13 %), machten aber keine Angaben dazu, wie sie ihn entsorgten, und 1 entsorgte ihn ganz (7 %). Das fehlende Wissen über die Folgen der endgültigen Entsorgung von organischen Abfällen kann für diese Gemeinschaft enorme Konsequenzen haben, die die Gesundheit der lokalen Bevölkerung und insbesondere ihre Lebensqualität beeinträchtigen.

Nach der Sammlung von 2^a wurde festgestellt, dass die meisten Biodünger nicht erfolgreich hergestellt wurden. Es stellte sich heraus, dass 11 Personen (73 %) der Teilnehmer nicht oder nur unzureichend beteiligt waren (Tabelle 2). Trotz der Schulungen und der Besuche, bei denen die große Bedeutung der Umwelterziehung und ihr Beitrag für dieses Dorf erörtert wurde, gab es keine Beteiligung. Viele der Teilnehmer waren nicht in der Lage zu verstehen, dass die Fortsetzung des

Projekts in der Verantwortung jedes Einzelnen liegt, mit kleinen Einstellungen, aber großen Auswirkungen, insbesondere auf die Umwelt in dem Ort, in dem sie leben. Dies zeigt, dass ein großer Bedarf an einer kontinuierlichen Überwachung der öffentlichen Politik besteht, um ein staatliches Programm zur Überwachung und sozialen Unterstützung zu entwickeln.

Obwohl sich nur vier der Teilnehmer engagierten und den Biokomposter und die erzeugten Produkte richtig nutzten und diese Teilnehmerzahl als gering anzusehen ist, trug das Projekt doch erheblich zur Veränderung des Verhaltens und der Einstellung dieser Menschen bei. Tabelle 2 zeigt den Gemütszustand dieser Teilnehmer nach der Durchführung des Projekts, als einer der Teilnehmer berichtete, dass er heute eine größere Zufriedenheit im Umgang mit dem Land hat.

Die geringe Beteiligung lässt sich durch den freiwilligen Charakter des Projekts erklären. Obwohl es sich um einen kostenlosen Kauf handelte, würde der Biokompostierer den Teilnehmern kein Einkommen bescheren. Ein weiterer Punkt, der die geringe Akzeptanz des Projekts bestätigt, ist das mangelnde Verständnis für Umweltfragen, das, wie der Fragebogen zeigt, auf eine soziale Gruppe mit niedrigem Bildungsniveau angewandt wurde.

Wenn man die Gruppe analysiert, die das Projekt tatsächlich durchgeführt hat und sich des Problems bewusst wurde, kann man feststellen, dass das Bildungsniveau und folglich auch das Einkommensniveau einen erheblichen Einfluss auf die Anwendung und das Verständnis des hier vorgestellten Vorschlags haben. Es erwies sich als eine alternative Art der Müllentsorgung mit direkten Auswirkungen auf die Umwelt und das Einkommen der Teilnehmer. Die geringe Beteiligung kann auf das mangelnde Interesse vieler Menschen an Umweltthemen zurückgeführt werden. Abbildung 13 zeigt die Beziehung zwischen dem Bildungsniveau und dem Einkommen der Projektteilnehmer.

Abbildung 13: Bildungsstand und Einkommensklasse der Projektteilnehmer

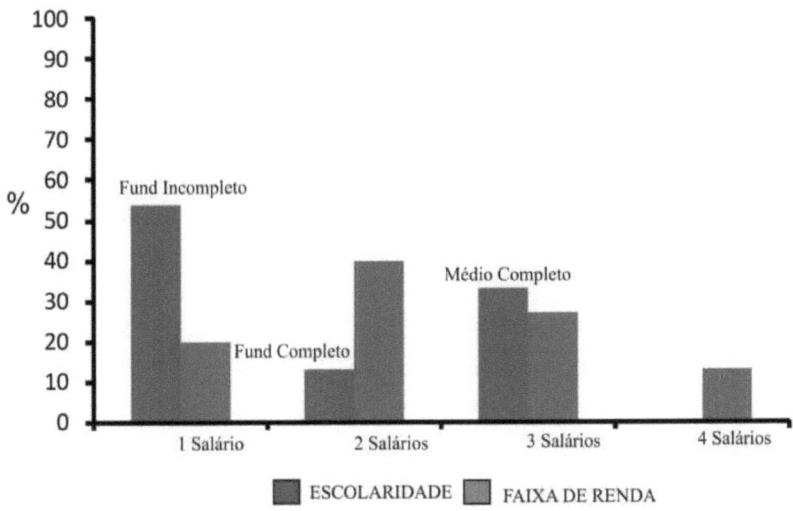

Quelle: Autoren, 2016.

Ein anderer Teilnehmer sagte, dass er durch die korrekte Verwendung des Biozersetzers das Gefühl hatte, Geld bei der Entsorgung zu sparen und feste Abfälle auf die richtige Weise zu entsorgen. Ein anderer hatte das Gefühl, dieses Wissen zu multiplizieren, indem er andere Menschen dazu ermutigte, diesen Wandel zu vollziehen, indem er dieses neue Wissen als Attraktion für sein zukünftiges Restaurant einsetzte, indem er Speisen mit Gemüse aus seinem Garten zubereitete, das völlig frei von Pestiziden ist, was ein Unterschied sein wird, den er in seinem zukünftigen Unternehmen nutzen kann, um Kunden anzuziehen und zu halten.

Der Wunsch, andere Menschen dazu zu ermutigen, dasselbe zu tun, rechtfertigt dieses Projekt, denn bevor es eingeführt wurde, wussten die Menschen nicht einmal von dem Biokompostierer und entsorgten ihre organischen Abfälle anderswo, wodurch sie die Umwelt schädigten.

In Bezug auf die Bestimmung der Erzeugnisse berichteten die Teilnehmer, dass sie das Gemüse für den Verzehr in ihrer Familie verwenden, wobei eine Verbesserung der Qualität der Lebensmittel festgestellt wurde. Einer der Teilnehmer berichtete von der Vergrößerung des Gemüsegartens und der Vermarktung der erzeugten Produkte, da diese für die Zubereitung der in seinem Restaurant angebotenen Speisen verwendet wurden. Ein anderer Teilnehmer gab an, dass er seine Produkte an andere Anwohner verteilte und stellte deren Zufriedenheit und die Einbeziehung anderer Personen in der Gemeinschaft fest.

4.8.3 Verwendung von Kompost und Biodünger

Das Projekt wurde mit vier Teilnehmern durchgeführt, da die anderen nur Laub in die

Biokomposter gaben, was den Kompostierungsprozess behinderte. Die Teilnehmer, die die Bedeutung und den großen Beitrag dieses Projekts wirklich verstanden haben, haben den Kompost und den Biodünger in ihren Gemüsegärten und Blumenbeeten verwendet.

Die Familien setzten den Biodünger und den organischen Dünger in verschiedenen Situationen ein, z. B. beim Anpflanzen, in Gemüsegärten und in Blumenbeeten. In den Beeten pflanzten sie verschiedene Gemüsesorten an, darunter Frühlingszwiebeln (*Allium fistulosum*), wie in Abbildung 14-A zu sehen ist, die anfangs nur schwer wuchsen und durch den Einsatz von Biodünger eine große Verbesserung erfuhren, wie in Abbildung 14-B zu sehen ist. Die Familie, die die *Koriandersamen (Coriandrum sativum)* erhalten hatte, legte ein Beet an, das von dem Kompost und dem Biodünger profitierte. Kurz nach der Aussaat sind die ersten Anzeichen der Keimung zu sehen (Abbildung 14-C und D). Die Abbildungen 14-E und 14-F zeigen die schnelle Keimung von *Koriander (Coriandrum sativum)*. Da er sich leicht verkaufen lässt und in der lokalen Küche sehr geschätzt wird, beabsichtigt die Familie, diese erste Produktion zu verkaufen und so ein zusätzliches Einkommen zu erzielen. Die Familie, die die Samen von Butterkohl (*Brassica oleracea*) und Frühlingszwiebeln (*Allium fistulosum*) erhalten hat, hat ihr Beet gedüngt und den Biodünger verwendet und beobachtet, dass sich das Gemüse hervorragend entwickelt, wie in Abbildung 9-F dargestellt. Nach Aussage dieses Teilnehmers wird das Gemüse zur Bereicherung der Ernährung der Familie verwendet.

Abbildung 14: Für die Anpflanzung vorbereiteter Standort vor (A) und nach dem Einsatz von Biodünger (B); Beginn der Keimung (C) und Ende der Keimung (D) und; Butterkohl (E) und Frühlingszwiebeln (F).

nach Einsatz von Biodünger

Quelle: Feldforschung, 2016

Die Familie, die den Biodünger und den Kompost auf ihrer kleinen Bohnenplantage (*Phaseolus vulgaris*) einsetzte, bemerkte die Entwicklung dieser Plantage und das Erscheinen der ersten Schoten (Abbildung 15-A). Einer der Teilnehmer begann mit einer kleinen *Gurkenplantage* (*Cucumis sativus*) und berichtete, dass er beabsichtigt, die Plantage zu erweitern, um seine Produktion in Zukunft zu vermarkten (Abbildung 15-B).

Abbildung 15: Aufgehende Schoten (A) und erntereife Gurken (B).

Quelle: Feldforschung, 2016

Außerdem wurde eine Anpflanzung von Jerimum, dem volkstümlichen Namen für den Kürbis (*Cucurbita Pepo*)**,** bewertet. Diese Anpflanzung wurde mit dem vom Biokompostierer produzierten Dünger gedüngt und mit Biodünger bewässert. Es ist erwähnenswert, dass Jerimum weit verbreitet ist, um die Ernährung zu bereichern, und dass insbesondere dieses Gemüse ohne Bedenken wegen der Anwesenheit von Pestiziden verzehrt werden kann. Die Familie berichtete, dass sie beabsichtigt, ihren Garten zu erweitern, und dass sie bei anderen Versuchen, dieses Gemüse anzubauen, nie Erfolg hatte und mit dem Ergebnis äußerst zufrieden ist. Das Ergebnis der erfolgreichen Aussaat von *Gurken* (*Cucumis sativus*) war, dass 15 Tage nach der Aussaat die ersten Anzeichen von Blüten zu sehen waren, was darauf hindeutet, dass diese Pflanze viele Früchte tragen wird.

Diese Art von Gurke, die auch als italienische runde Gurke bekannt ist, kann von der Familie gegessen oder sogar verkauft werden, die sich an den vielen Vorteilen dieses Gemüses erfreuen kann, darunter Vitamin A, Vitamin B, Vitamin C und Vitamin K sowie Calcium, Magnesium, Kalium, Phosphor und Zink.

4.8.4 Endbestimmung der Erzeugnisse

Was die Entsorgung der Produkte betrifft, so wurde festgestellt, dass die meisten Projektteilnehmer die Produkte nicht verwendeten, weil sie den Biokompost nicht richtig anwandten, trotz aller Überwachung und aller Informationen, die sie erhielten. Dennoch zogen es diese Menschen vor, ihre alten Praktiken fortzusetzen und damit die Umwelt zu schädigen, in der sie leben. Diejenigen, die die Bedeutung dieses Projekts wirklich verstanden haben, sind jedoch mit den Ergebnissen zufrieden und verwenden die Produkte für den Verbrauch in ihrer Familie. Eine andere Familie berichtete, dass sie beabsichtigt, ihren Garten zu erweitern, indem sie bei der nächsten Aussaat ein anderes Gemüse anbaut. Es wurde der Wunsch geäußert, die Erzeugnisse zu vermarkten, um ein zusätzliches Einkommen für die Familie zu erzielen. Interessant war auch die gemeinsame Nutzung der Erzeugnisse mit den Nachbarn, was zu einer Annäherung oder Stärkung der zwischenmenschlichen Beziehungen führte.

4.8.5 Motivation der Teilnehmer nach 3 Monaten der Projektdurchführung

Was die Motivation der Projektteilnehmer betrifft, so sagte eine Person, dass sie vor dem Projekt das Land bearbeitete, aber nicht so fleißig. Nachdem er jedoch Zugang zu den vom Biokompostierer erzeugten Produkten und den beobachteten Ergebnissen hatte, begann er, den Boden mit größerer Zufriedenheit zu bewirtschaften, da er Produkte erzeugen kann, die seine Ernährung und die seiner Familie bereichern und verbessern, und somit eine Lebensqualität bietet, die es ermöglicht, die angebauten Produkte zu variieren. Ein anderer Teilnehmer sagte, dass er vor dem Projekt seine Abfälle nicht trennte, was zu einer unnötigen Menge an Abfällen führte, die unsachgemäß in der Umwelt entsorgt wurden und Faktoren erzeugten, die in der Zukunft verschiedene Krankheiten verursachen könnten, und dass er nach der Teilnahme an dem Projekt nun seine organischen Abfälle trennt und dem Kompostierer zuführt.

Die Erwartung, völlig pestizidfreie Produkte zu erhalten, wurde von einem der Teilnehmer geäußert, der die große Zufriedenheit, die dieses Projekt mit sich gebracht hat, deutlich hervorhob: Was früher auf der Müllhalde landete, wird nun kompostiert.

Einer der Teilnehmer berichtete, dass er früher den gesamten von ihm produzierten Abfall verbrannt habe und nun ein Multiplikator sei, der die große Verantwortung habe, dieses Wissen an andere Einwohner weiterzugeben.

Obwohl nur eine kleine Anzahl von Teilnehmern dieses Projekt wirklich angenommen hat, wird davon ausgegangen, dass es seine Ziele erfolgreich erreicht hat, denn als es die Gemeinde erreichte, um die Idee der Verringerung von in die Umwelt geworfenen festen Abfällen durch die Verwendung des Biozers zu verbreiten, wussten die Menschen nicht einmal, was ein Biozersetzer ist, und jetzt beginnt dieses Wissen auf diskrete Weise zu entstehen, aber mit großer Bedeutung. Außerdem hat sich das Leben der Menschen verändert, die sich wirklich für das Umweltbewusstsein und für eine bessere Lebensqualität in der Gemeinschaft, in der sie leben, engagieren, und die darin eine Möglichkeit sehen, ihr Einkommen in Zukunft aufzubessern. All diese Veränderungen wurden als der größte Beitrag des Projekts angesehen, da es die Einstellung der Menschen veränderte und zu einer Verbesserung der Lebensqualität, der Möglichkeit, das Auftreten bestimmter Krankheiten zu verringern, der Stärkung der Beziehungen zur Nachbarschaft und der Möglichkeit, in einer gesunden Umwelt zu leben, beitrug.

5 SCHLUSSFOLGERUNGEN

Nach dreimonatiger Beobachtung der am Projekt teilnehmenden Familien wurden mehrere Situationen beobachtet, von denen die auffälligste die Tatsache war, dass die am Projekt beteiligten Familien trotz der Schulung, der Nachbereitung und der Beschaffung von Informationen nicht voll engagiert waren. Diejenigen, die die Bedeutung und den großen Beitrag dieses Projekts wirklich verstanden haben, zeigten jedoch eine große Veränderung in ihrem Verhalten und ihrer Einstellung, wie im Folgenden dargestellt wird:

1- Zwischenmenschliche Beziehungen zwischen den Familien, da sie begannen, den vom Biokompostierer produzierten organischen Dünger und Biodünger mit anderen Familien in der Gemeinde zu teilen, damit diese Produkte auf ihre Blumenbeete oder Obstplantagen ausgebracht werden können.

2- Es wurde beobachtet, dass die Familien, die bereits Gemüsebeete hatten, nun daran denken, das produzierte Gemüse zu verkaufen, um ein zusätzliches Einkommen für ihren Haushalt zu erzielen, und planen, ihre Beete zu erweitern. Diese Menschen waren begeistert und sehr zufrieden mit dem Umgang mit dem Land.

3- Das Wissen um die richtige Entsorgung hat zu einer neuen Einstellung geführt, die nun Teil des täglichen Lebens dieser Familien ist und andere Familien einbezieht, die einen Biokomposter besitzen möchten.

4- Außerdem ist festzustellen, dass die Zahl der Abfälle, die unsachgemäß in der Umwelt entsorgt werden, zurückgegangen ist.

5- Es wurde erkannt, dass sich das Leben der Menschen und vor allem ihre Einstellungen durch Umwelterziehung verändern lassen, wenn sie mit leicht zu bedienenden Geräten und einfachen Einstellungen arbeiten.

6- Bemerkenswert ist auch das Interesse der Gemeinde an der Durchführung von Bildungsprogrammen, die die gesamte Gemeinde einbeziehen, um das Bewusstsein für die Erhaltung des Dorfes zu schärfen, das nach dem Gesetz 4.260 als immaterielles historisches Erbe gilt.

Es ist unbestreitbar, dass die gesamte Gemeinde noch einen weiten Weg vor sich hat, um neue Gewohnheiten einzuüben und ihr Verhalten in Bezug auf die endgültige Entsorgung fester organischer Abfälle zu ändern, aber auch wenn die Veränderungen nur gering sind, so haben sie doch einen großen Beitrag geleistet, wie die beteiligten Personen berichten. Es ist zu hoffen, dass dieses Projekt weiterhin Früchte trägt und neue Verhaltensweisen vervielfältigt, die zu einer gesünderen Umwelt in einem Dorf beitragen, das von den Bewohnern und Hunderten von Besuchern als kleines Paradies angesehen wird. Dieses Paradies muss bewahrt werden, damit seine Bewohner und Besucher noch lange Zeit die Schönheit und die Vorteile der Natur kostenlos genießen können.

6 REFERENZEN

ALBUQUERQUE, Ana Clàudia Alves de. **Eine Studie über die Einbeziehung der Müllsammler in die nationale Politik für feste Abfälle: in Form von Sensibilisierung und Bildung. Feste Abfälle: Perspektiven und Herausforderungen für ein integriertes Management (auf Portugiesisch) Eine Studie über** die Einbeziehung der Sammler in die nationale Politik für feste Abfälle: in Form von Sensibilisierung und Bildung. Feste Abfälle: Perspektiven und Herausforderungen für ein integriertes Management / Soraya Giovanetti El-Deir. - 1. ed. -Recife: EDUFRPE, 2014. 393 p

ABUSHAMMALA, M. F. M. et al. **Green Biological Transformation of Food and Yard WasteJurnal Teknologi**, 10 Feb. 2015. Verfügbar unter:

<http://www.jurnalteknologi.utm.my/index.php/jurnalteknologi/article/view/3550>. Abgerufen am: 11. Januar 2016

ARIAS, L. A. et al. **UML for the design of the Biodigester automationProceedings** of the 2012 6th IEEE/PES Transmission and Distribution: Latin America Conference and Exposition, T and D-LA 2012. **Proceedings...**2012

ARIUNBAATAR, J. et al. Pretreatment methods to enhance anaerobic digestion of organic solid waste. **Applied Energy**, v. 123, p. 143-156, jun. 2014.

ASIF, M. et al. An integrated management systems approach to corporate social responsibility. **Journal of Cleaner Production**, V. 56, S. 7-17, 2013.

AWASTHI, M. K. et al. Evaluation of thermophilic fungal consortium for organic municipal solid waste composting. **Bioresource technology**, v. 168, p. 214-21, sep. 2014.

BARI, Q. H.; KOENIG, A. Anwendung eines vereinfachten mathematischen Modells zur Abschätzung der Auswirkungen der Zwangsbelüftung auf die Kompostierung in einem geschlossenen System. **Waste Management**, v. 32, n. 11, p. 2037-2045, nov. 2012.

BAZRAFSHAN, E. et al. Maturity and Stability Evaluation of Composted Municipal Solid Wastes. **Health Scope**, v. 5, n. 1, 15 Feb. 2016.

BENLBOUKHT, F. et al. Biotransformation von organischen Stoffen während der Kompostierung von festen Abfällen aus traditionellen Gerbereien durch Thermochemolyse gekoppelt mit Gaschromatographie und Massenspektrometrie. **Ecological Engineering**, V. 90, S. 87-95, 2016.

BHATTACHARYA, S. S. et al. The effects of composting approaches on the emissions of anthropogenic volatile organic compounds: A comparison between vermicomposting and general aerobic composting. **Environmental pollution (Barking, Essex : 1987)**, v. 208, n. Pt B, p. 600-7, jan. 2016.

BIAUOBRZEWSKI, I. et al. Model of the sewage sludge-straw composting process integrating different heat generation capacities of mesophilic and thermophilic microorganisms. **Waste management (New York, N.Y.)**, v. 43, p. 72-83, Sep. 2015.

BONANOMI, G. et al. Soil quality recovery and crop yield enhancement by combined application of compost and wood to vegetables grown under plastic tunnels. **Agriculture, Ecosystems & Environment**, v. 192, p. 1-7, Jul. 2014.

BRUNNER, P. H.; RECHBERGER, H. Waste to energy - key element for sustainable waste management. **Waste Management**, v. 37, p. 3-12, 2015.

BURNETT, S. E.; MATTSON, N. S.; WILLIAMS, K. A. Substrates and fertilisers for organic container production of herbs, vegetables, and herbaceous ornamental plants grown in greenhouses in the United States. **Scientia Horticulturae**, Jan. 2016.

BUSTAMANTE, M. A. et al. Recycling of anaerobic digestates by composting: effect of the bulking agent used. **Journal of Cleaner Production**, v. 47, S. 61-69, Mai 2013.

('AI.IŞKAN, Y. et al. **Composting of Municipal Solid Waste as a Useful ProductJournal of Selcuk University Natural and Applied Science**, 29 Sep. 2014. Verfügbar unter: <http://www.josunas.org/login/index.php/josunas/article/view/403>. Accessed on: 10 Feb. 2016

CAMPERO, O. et al. Umsetzung des Programms zur Abschwächung der negativen Auswirkungen von CH4-Methangas mit der Durchführung umfassender Maßnahmen im Bereich erneuerbare Energien und Umwelt in den ländlichen Gebieten von La Paz, Cochabamba und Santa Cruz. **Technologien in der Entwicklung**, S. 1-36, 2008.

CATROUILLET, C. et al. Geochemical modelling of Fe(II) binding to humic and fulvic acids. **Chemical Geology**, V. 372, S. 109-118, 2014.

CENSO, I. B. G. E. Verfügbar unter:< http://www. censo 2010. ibge. gov. br/>. **Abgerufen am 22.04.2016**, V. 12, 2010.

CESARO, A.; BELGIORNO, V. Pretreatment methods to improve anaerobic biodegradability of organic municipal solid waste fractions. **Chemical Engineering Journal**, v. 240, p. 24-37, mar. 2014.

CERETTA, GILBERTO FRANCISCO; SILVA, FERNANDA KUMM; ROCHA, AC da. Umweltmanagement und das Problem der festen Haushaltsabfälle in der ländlichen Region der Gemeinde Sao Joao-PR. **Revista ADMpg Gestao Estratégica**, v. 6, n. 1, p. 17-25, 2013.

CIOTOLA, R. J.; LANSING, S.; MARTIN, J. F. Emergy analysis of biogas production and electricity generation from small-scale agricultural digitters. **Ecological Engineering**, v. 37, n. 11, p. 1681-1691, 2011.

CORRÊA, M. P., & da Silva, J. A. F. (2015). Educational - Educational Centre for Integrated Management of solid water: Case study feasibility assessment in Institute Fluminense - Campos Macaé, auf Portugiesisch Educational - Educational Centre for Integrated Management of solid waste: Case study feasibility assessment in Instituto Federal Fluminense - Campos Macaé, auf Portugiesisch

Fluminense- Campus Macaé, RJ-Brasilien. Holos, 6, 414-431.

COTTA, J. A. DE O. et al. Composting versus vermicomposting: comparison of techniques using vegetable waste, cattle manure and sawdust. **Engenharia Sanitaria e Ambiental**, v. 20, n. 1, p. 65-78, mar. 2015.

DADHICH, S. K. et al. Optimising crop residue-based composts for enhancing soil fertility and crop yield of rice. **Indian Journal of Agricultural Sciences**, v. 82, n. 1, S. 85-88, 2012.

DAMERELL, P.; HOWE, C.; MILNER-GULLAND, E. J. Child-oriented environmental education influences adult knowledge and household behaviour. **Environmental Research Letters**, v. 8, n. 1, p. 15016, 1 Mar. 2013.

DE OLIVEIRA, C. M. et al. Regulation of surface and subterranean fresh water in the MERCOSUR regional integration. **Ambiente e Agua - An Interdisciplinary Journal of Applied Science**, v. 11, n. 2, S. 291, 15 Apr. 2016.

DOAN, T. T. et al. Impact of compost, vermicompost and biochar on soil fertility, maize yield and soil erosion in Northern Vietnam: a three year mesocosm experiment. **The Science of the total environment**, v. 514, S. 147-54, 1. Mai 2015.

DOMiNGUEZ, J. et al. Vermicomposting grape marc yields high quality organic biofertiliser and bioactive polyphenols. **Waste management & research : the journal of the International Solid Wastes and Public Cleansing Association, ISWA**, v. 32, n. 12, p. 1235-40, 2014.

FAVERIAL, J.; SIERRA, J. Hauskompostierung von biologisch abbaubaren Haushaltsabfällen unter den tropischen Bedingungen von Guadeloupe (Französische Antillen). **Journal of Cleaner Production**, v. 83, p. 238-244, nov. 2014.

FERRER, I. et al. Biogas production in low-cost household digitters at the Peruvian Andes. **Biomass and Bioenergy**, v. 35, n. 5, p. 1668-1674, 2011.

FONGARO, G. et al. Utility of specific biomarkers to assess safety of swine manure for biofertilising purposes. **Science of the Total Environment**, v. 479-480, n. 1, S. 277-283, 2014.

FUJII, M. et al. Regional and temporal simulation of a smart recycling system for municipal organic solid wastes. **Journal of Cleaner Production**, V. 78, S. 208-215, 2014.

GABHANE, J. et al. Additives aided composting of green waste: effects on organic matter degradation, compost maturity, and quality of the finished compost. **Bioresource technology**, v. 114, p. 382-8, jun. 2012.

GALLARDO, A. et al. Methodology to design a municipal solid waste pre-collection system. A case study, **Waste Management**, v. 36, p. 1-11, 2015.

GARFi, M. et al. Anaerobe Haushaltsfermenter für die Biogaserzeugung in Lateinamerika: Eine Rezension. **Renewable and Sustainable Energy Reviews**, v. 60, S. 599-614, 2016.

GIFFORD, R.; NILSSON, A. Personal and social factors that influence pro-environmental concern and behaviour: A review. **International Journal of Psychology**, v. 49, n. 3, p. 14157, 2014.

GIUDICIANNI, P. et al. Thermischer und mechanischer Stabilisierungsprozess der organischen Fraktion der festen Siedlungsabfälle. **Waste Management**, v. 44, p. 125-134, 2015.

GUERRERO, L. A.; MAAS, G.; HOGLAND, W. Solid waste management challenges for cities in developing countries. **Waste Management**, v. 33, n. 1, p. 220-232, 2013.

HANC, A.; DRESLOVA, M. Effect of composting and vermicomposting on properties of particle size fractions. **Bioressourcen-Technologie**, 22 Feb. 2016.

HERVA, M.; NETO, B.; ROCA, E. Environmental assessment of the integrated municipal solid waste management system in Porto (Portugal). **Journal of Cleaner Production**, v. 70, S. 183-193, Mai 2014.

HUANG, G. F. et al. Transformation of organic matter during co-composting of pig manure with sawdust. **Bioressourcen-Technologie**, V. 97, Nr. 15, S. 1834-1842, 2006.

INNOCENT, Ndoh Mbue; BITONDO, D.; AZIBO, Balgah Roland. Klimavariabilität und -wandel im Bamenda-Hochland im Nordwesten Kameruns: Wahrnehmungen, Auswirkungen und Bewältigungsmechanismen. 2016.

ISMAEL, Luara Lourenço et al. Evaluation of composting bins for small-scale recycling of organic wastes. **Green Journal of Agroecology and Sustainable Development**, v. 8, n. 4, S. 28-39, 2013.

JINDO, K. et al. Influence of biochar addition on the humic substances of composting manures. **Waste management (New York, N.Y.)**, v. 49, p. 545-552, 16 Jan. 2016.

KASHMANIAN, Richard M. et al. Quantitäten, Eigenschaften, Hindernisse und Anreize für die

Verwendung von organischen kommunalen Nebenprodukten. **Land application of agricultural, industrial, and municipal by-products**, S. 127-167, 2000.

KELESSIDIS, A.; STASINAKIS, A. S. Comparative study of the methods used for treatment and final disposal of sewage sludge in European countries. **Waste Management**, v. 32, n. 6, p. 1186-1195, 2012.

LIM, S. L. et al. The use of vermicompost in organic farming: Overview, effects on soil and economics. **Journal of the Science of Food and Agriculture**, v. 95, n. 6, S. 1143-1156, 2015.

LÓPEZ-GONZALEZ, J. A. et al. Dynamics of bacterial microbiota during lignocellulosic waste composting: Studies on its structure, functionality and biodiversity. **Bioresource technology**, v. 175C, p. 406-416, 31 Oct. 2014.

LUSHI, Isuf. Die Herstellung von Kompost und seine wirtschaftliche Bedeutung. **American Scientific Research Journal for Engineering, Technology, and Sciences (ASRJETS)**, v. 16, n. 1, S. 319-327, 2016.

MEHTA, N.; KARNWAL, A. Solid waste management with the help of vermicomposting and its applications in crop improvement. **Journal of Biology and Earth Sciences**, v. 3, n. 1, p. B8-B16, 2013.

PELEGRINI, Djalma Ferreira; VLACH, Vânia Rùbia Farias. **Die** vielfältigen Dimensionen der Umwelterziehung: auf dem Weg zu einem erweiterten Ansatz. **Soc. nat**, S. 187-196, 2011.

PUI, K. et al. Sustainable reuse of rice residues as feedstocks in vermicomposting for organic fertiliser production. p. 1349-1359, 2014.

SAER, A. et al. Life cycle assessment of a food waste composting system: environmental impact hotspots. **Journal of Cleaner Production**, v. 52, S. 234-244, Aug. 2013.

SEN, B. et al. State of the art and future concept of food waste fermentation to bioenergy. **Renewable and Sustainable Energy Reviews**, V. 53, S. 547-557, 2016.

SHEKDAR, A. V. Nachhaltige Bewirtschaftung fester Abfälle: Ein integrierter Ansatz für asiatische Länder. **Waste Management**, v. 29, n. 4, S. 1438-1448, 2009.

SIQUEIRA, T. μ. O. DE; ASSAD, μ. L. R. C. L. Composting of solid urban waste in the state of Sao Paulo (Brazil). **Ambiente & Sociedade**, v. 18, n. 4, p. 243-264, dec. 2015.

SMITH, M. T.; SCHROENN GOEBEL, J.; BLIGNAUT, J. N. The financial and economic feasibility of rural household biodigestors for poor communities in South Africa. **Waste Management**, v. 34, n. 2, p. 352-362, 2014.

SOOBHANY, N.; MOHEE, R.; GARG, V. K. Experimental process monitoring and potential of Eudrilus eugeniae in the vermicomposting of organic solid waste in Mauritius. **Ecological Engineering**, v. 84, p. 149-158, 2015.

SOSA, R. et al. Diversifizierung und Überblick über die anaerobe Vergärung in der kubanischen Schweinezucht. **Cuban Journal of Agricultural Science**, v. 48, n. 1, 2014.

THANGAVEL, S.; RAJAN, Sujin David S.; KEVIN, B. C. A Novel Approach to treat Bio Wastes Using Biodigesters and Microorganisms Employed to Increase Plastic Degradation. **Research Journal of Engineering and Technology**, v. 4, n. 4, p. 8, 2013.

TORRES, Raissa de Souza Graça. Die Bewirtschaftung fester Siedlungsabfälle in Gemeinden im direkten Einflussbereich des Hafenkomplexes von Açu: Diagnose und Vorschläge. **Bulletin des Alberto Ribeiro Lamego Umweltobservatoriums**, v. 8, n. 1, S. 135-154, 2015.

THODE FILHO, Sergio et al. The Reverse Logistics and National Policy of Solid Waste: a challenges to the brasilian reality (auf Portugiesisch) A logistica reversa e a Politica Nacional de Residuos Sólidos: desafios para a realidade brasileira. **Revista Eletrônica em Gestao, Educação e Tecnologia Ambiental (für Einreichungen auf unbestimmte Zeit geschlossen)**, v. 19, n. 3, p. 529-538, 2015.

UYARRA, E.; GEE, S. Transforming urban waste into sustainable material and energy use: The case of Greater Manchester (UK). **Journal of Cleaner Production**, V. 50, S. 101-110, 2013.

VANDEN NEST, T. et al. Effect of organic and mineral fertilizers on soil P and C levels, crop yield and P leaching in a long term trial on a silt loam soil. **Landwirtschaft, Ökosysteme und Umwelt**, V. 197, S. 309-317, 2014.

VELASQUES, Fabio et al. Screening plants, composting and manure treatment: na economic option and sustainable. **Augustus Magazine**, v. 20, n. 39, S. 65-75, 2015.

VIAENE, J. et al. Opportunities and barriers to on-farm composting and compost application: A case study from northwestern Europe. **Waste management (New York, N.Y.)**, v. 48, p. 181-92, feb. 2016.

VINDOURA-GOMES, R. M.; CÂMARA, V. DE M.; SOUZA, D. P. O. DE. Schulkinder, die in einem von einer Mülldeponie betroffenen Gebiet leben, und ihr Wissen über Umweltverschmutzung. **Cadernos Saùde Coletiva**, v. 23, n. 4, p. 445-452, dec. 2015.

WANG, C. et al. Spectroscopic evidence for biochar amendment promoting humic acid synthesis and intensifying humification during composting. **Journal of Hazardous Materials**, v. 280, S. 409-416, 2014.

41

YANG, L. et al. Effects of vermicomposts on tomato yield and quality and soil fertility in greenhouse under different soil water regimes. **Agricultural Water Management**, v. 160, S. 98-105, 2015.

ZHANG, L.; SUN, X. Influence of bulking agents on physical, chemical, and microbiological properties during the two-stage composting of green waste. **Waste Management**, v. 48, p. 115-126, 2016.

7   Anhang - Broschüre für Biokompostierer

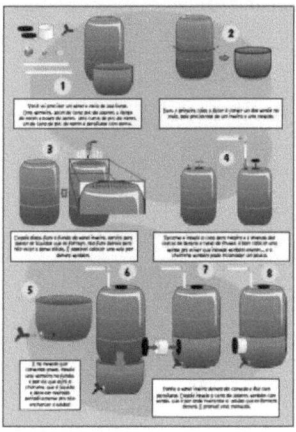

Printed by Books on Demand GmbH, Norderstedt / Germany